Probier's mal mit Beten

Probier's mal mit
Beten

Neue Jugendgebete

benno

Bibliografische Information der Deutschen Nationalbibliothek
Die Deutsche Nationalbibliothek verzeichnet diese
Publikation in der Deutschen Nationalbibliografie;
detaillierte bibliografische Daten sind im Internet unter
http://dnb.d-nb.de abrufbar.

Besuchen Sie uns im Internet:
www.st-benno.de

Gern informieren wir Sie unverbindlich und aktuell
auch in unserem Newsletter zum Verlagsprogramm,
zu Neuerscheinungen und Aktionen.
Einfach anmelden unter www.st-benno.de

ISBN 978-3-7462-5182-0

© St. Benno Verlag GmbH, Leipzig
Umschlaggestaltung: Ulrike Vetter, Leipzig
Umschlagfoto: © Hans-Jörg Nisch/Fotolia
Gesamtherstellung: Kontext, Lemsel (C)

Inhalt

**Hier und jetzt –
mit Gott durch den Tag**   6

**Meine Hoffnung und meine Freude –
Jesus begegnen**   18

**Selig, die Gott vertrauen –
Aufbruch wagen**   30

**Auf der Suche –
Zweifel & Fragen zulassen**   44

**Ein Stück vom Himmel –
Hilfe erbitten**   56

**Das Unmögliche vollbringen –
Schwächen und Stärken erkennen**   70

**Das Leben in Fülle –
einfach Danke sagen**   82

Hier und jetzt –
mit Gott durch den Tag

Gott hat dir heute
86.400 Sekunden geschenkt.
Hast du eine dazu verwendet,
um „Danke" zu sagen?

Sir Adolphus William Ward

Lass uns ...

Wir schenken dir, Herr,
diesen beginnenden Tag.

Lass uns denen helfen, die zu uns kommen,
denn du bist es, der kommt.

Lass uns eins sein mit allen Brüdern und Schwestern,
die hinausgehen, dein Halleluja zu leben.

Lass uns zart, liebevoll, offen sein und bereit,
jede Form deines Willens anzunehmen.

Lass uns lachend im Leben stehen,
denn du bist das Leben.

Lass uns Vertrauen schenken
in die Erde und in den Himmel.

Lass uns alles ablegen, was nicht DU bist
und deine Kinder, die Menschen.

Lass unsere Liebe klar sein durch die Gnade des Vaters,
des Sohnes und des Heiligen Geistes. Amen.

Morgengebet der Kleinen Schwestern und Brüder Jesu

Ich werfe meine Freude an den Himmel

Gott,
ich werfe meine Freude wie Vögel an den Himmel.
Die Nacht ist verflattert,
und ich freue mich am Licht.
Ich bin fröhlich heute Morgen.
Die Vögel und Engel singen, und ich jubiliere mit.
Das All und unsere Herzen sind offen für dich.
Ich fühle meinen Körper und danke dir.

Gott,
ich freue mich an der Schöpfung.
Darüber, dass du dahinter bist
und daneben und davor und in uns.
Die Psalmen singen von deiner Liebe,
die Propheten verkündigen sie,
und wir erfahren sie.

Ich werfe meine Freude wie Vögel an den Himmel.
Ein neuer Tag, der glitzert und knistert
und jubiliert von deiner Liebe.
Jeden Tag machst du,
du zählst jeden Tag
die Haare auf meinem Kopf.
Halleluja, Gott.

Aus Afrika

Nur für heute

Nur für heute werde ich mich bemühen,
den Tag zu erleben,
ohne das Problem meines Lebens
auf einmal lösen zu wollen.

Nur für heute werde ich niemanden kritisieren,
ja ich werde nicht danach streben,
die anderen zu korrigieren oder zu verbessern
– nur mich selbst.

Nur für heute werde ich in der Gewissheit glücklich sein,
dass ich für das Glück geschaffen bin –
nicht für die andere,
sondern auch für diese Welt.

Nur für heute werde ich mich an die Umstände
anpassen,
ohne zu verlangen, dass die Umstände
sich an meine Wünsche anpassen.

Nur für heute werde ich zehn Minuten meiner Zeit
einer guten Lektüre widmen;
wie die Nahrung für das Leben des Leibes notwendig ist,
ist eine gute Lektüre notwendig für das Leben der Seele.

Nur für heute werde ich eine gute Tat vollbringen,
und ich werde es niemandem erzählen.

Nur für heute werde ich etwas tun,
auf das ich keine Lust habe:
sollte ich mich in meinen Gedanken beleidigt fühlen,
werde ich dafür sorgen, dass es niemand merkt.

Nur für heute werde ich fest glauben
– selbst wenn die Umstände das Gegenteil zeigen sollten –,
dass die gütige Vorsehung Gottes sich um mich kümmert,
als gäbe es sonst niemanden auf der Welt.

Nur für heute werde ich keine Angst haben.
Ganz besonders werde ich keine Angst haben,
mich an allem zu freuen, was schön ist
– und ich werde an die Güte glauben.

Johannes XXIII.

An diesem Morgen

Herr, an diesem Morgen bedenke ich vor dir
den Tag, der jetzt für mich beginnt.

Auch wenn ich heute nicht alles in deinem Sinn
tun kann, hilf mir, deinen Willen
etwas besser zu tun als gestern.

Auch wenn deine Gegenwart
mich nicht ganz durchdringt,
hilf, dass sie mir nicht verlorengeht.

Auch wenn ich nicht alle Menschen
selbstlos lieben kann, hilf,
dass ich keinen entmutige,
der mir begegnet.

Auch wenn mein Herz deine Ewigkeit nicht umfängt,
gib mir Zuversicht für den nächsten Schritt.

Jeder neue Tag ist ein neues Angebot von dir, Herr.
Hilf mir, dass ich es nutzen kann.

Dieser Tag sei mir aus deiner Hand gegeben

Gott, dieser Tag,
und was er bringen mag,
sei mir aus deiner Hand gegeben:
Du bist der Weg, die Wahrheit
und das Leben.
Du bist der Weg: ich will ihn gehen.
Du bist die Wahrheit: ich will sie sehen.
Du bist das Leben: mag mich umwehen
Leid und Kühle,
Glück und Glut,
alles ist gut,
so wie es kommt.

Altes Pilgergebet

Mitten am Tag

Mitten in der Hektik
des Tages
schließe ich
meine Augen.
Wenn alles
um mich herum lärmt,
werde ich still.
Manchmal
mache ich das so
für einen Augenblick,
für ein paar Sekunden,
ich stoppe die Maschine
und merke
mitten am Tag:

Da ist noch was,
da ist noch wer,
ich bin nicht allein.
Denn du
bist mittendrin.
Vater und Bruder,
Mutter und Schwester,
Gott, danke.
Das will ich heute
einfach mal loswerden.

Guido Erbrich

Danke, dass du heute wieder bei mir warst,

gerade dann, wenn es mir am wenigsten bewusst war,
und ich dich wieder mal vergessen habe,
dass du mir geholfen hast,
ganz ungefragt, ganz unbemerkt,
mich bewahrt hast vor so mancher Panne,
vor falschen Schritten, falschen Worten.
Danke, dass du nicht von meiner Seite gewichen bist,
auch wenn du mit manchem vielleicht nicht
einverstanden warst.

Stephan Sigg

Bewusstseinsstrom

Zur Ruhe kommen,
besinnen,
den Tag reflektieren ...
Er war schön:
viele Erfahrungen,
viel erlebt ...
Hoffnung.
Für die kommende Nacht,
für den folgenden Tag:
Begleite mich weiterhin. Amen.

Den Tag beschliessen

Herr,
am Abend geben wir zurück,
was wir geschenkt bekamen:
diesen Tag.
Gott sei Dank,
sagen die einen,
und wünschten, er wäre länger gewesen.
Gott sei Dank,
sagen die anderen,
und wünschten, es hätte ihn nicht gegeben.
Nimm unseren Dank und unsere Freude.
Nimm unsere Klagen und unsere Bitten.
Lass uns fallen in die traumhaften
Hände des Schlafes
und wache für uns
dem neuen Tag entgegen.

Kurt Weigel

An der Schwelle des Schlafes

Lass deine Sorgen
an der Schwelle des Schlafes zurück,
lass alle Bedenken zurück,
alle Bitterkeit,
allen Kummer,
damit du dich beim Aufwachen
nicht so müde wiederfindest,
als hättest du in den
Kleidern geschlafen,
die Schuhe an den Füßen,
den Hut auf dem Kopf.

Dom Hélder Câmara

Die einen sagen:
Warten wir geduldig,
bis Christus wiederkommt.
Die anderen sagen:
Vollenden wir lieber den Aufbau der Erde.

Pierre Teilhard de Chardin

Nicht selten

Jesus,
Bruder und Herr,
mein See Gennesaret
liegt in der Eifel.
Vielleicht auch in den Straßen
irgendeiner Stadt.
Es sind keine Fischerboote,
von denen du mich wegrufst,
und meinen Vater verlasse ich auch nicht.

        Ich bin ein Jünger mit E-mail-Anschluss,
        mit Handy und Hip-Hop im Ohr,
        ich weiß nicht, ob ich tauge
        für deinen Auftrag,
        für deine „mission impossible".

Ich weiß nur,
dass du mir in der Seele brennst,
wenn ich dein Wort lese,
so als hörte ich dich selbst.
Ich weiß nur,   Nicht selten
dass ich deine Schulter spüre,   ahne ich dann,
bei meiner Wut über   dass du mich,
Ausbeutung und Unrecht.   warum auch immer,
Ich weiß nur,   gemeint hast
dass ich still werde   und sendest.
in deinen Räumen,
und zwar ganz freiwillig.   *Stephan Wahl*

JESUS,

in den vertrauten Worten unserer Gottesdienste
suche ich dich.
In den alten Zeichen und Symbolen
der Kirche suche ich dich.
Und ich bin froh darüber,
dass Menschen vor mir
Worte gefunden haben,
dich anzusprechen;
dass sie Zeichen
gefunden haben,
mit denen ich
dich feiern
kann.
So kann ich
dich finden
und du mich.
So können wir uns finden
und uns um dich versammeln,
du unsere Mitte, Jesus.
Amen.

Judith Werner, Philipp Seher

Zerschneide meine Fesseln

Mein Jesus,
ich möchte dir dienen
und finde den Weg nicht.
Ich möchte das Gute tun
und finde den Weg nicht.
Ich möchte dich finden
und finde den Weg nicht.
Ich möchte dich lieben
und finde den Weg nicht.

Ich kenne dich noch nicht, mein Jesus,
weil ich dich nicht suche.
Ich suche dich, und ich finde dich nicht.
Komm zu mir, mein Jesus.
Ich werde dich niemals lieben,
wenn du mir nicht hilfst, mein Jesus.
Zerschneide meine Fesseln,
wenn du mich haben willst.
Jesus, sei mir Jesus. Amen.

Philipp Neri

Jesus,

mit dir kann ich reden,
denn ich weiß: Dir ist nichts Menschliches fremd.

Du warst Mensch.
Du kennst unsere Stärken und Schwächen,
unsere Angst und unser Zweifeln,
unser Sehnen und Hoffen,
Liebe und Hass.

Dir kann ich alles sagen und von mir zeigen,
auch meine Unsicherheit und Unvollkommenheit,
meine intimsten Geheimnisse und Sehnsüchte.

Du hast aus vollem Herzen gelebt,
mit allen Konsequenzen,
weil du so sehr auf Gottes Gegenwart vertrauen konntest.

Hilf mir, dieses Vertrauen zu lernen,
damit ich mutiger werde, meinem Herzen zu folgen,
auch wenn dadurch Schwierigkeiten auf mich zukommen.
Amen.

Könige der Welt

König Auto:
Du bist mein Ein und Alles. Ich widme dir den ganzen Samstagnachmittag. Du Garant meiner Freiheit, was täte ich ohne dich?

König Mode:
Für dich ist mir nichts zu teuer. Die Leute schauen auf mich; du machst mich zu dem, was ich bin. Du Fantasieland meines Äußeren; was wäre ich ohne dich?

König Fernsehen:
Über hundert Kanäle, DVD, 3D ... – meine Abende sind gerettet. Du bist mein bester Freund; was täte ich ohne dich?

König Wohlstand:
Für dich brauche ich nicht meilenweit zu gehen; ich will so bleiben, wie ich bin – du darfst mein Leben noch viel mehr versüßen. Du Krönung meiner erlesenen Stunden; was wäre ich ohne dich?

König ICH:
Dir huldige ich gerne; zu dir habe ich Vertrauen; wie toll du doch bist, wie unwiderstehlich! Du bist mein Ein und Alles; was wäre ich ohne dich?

König Christus:
Ach, dich gibt's auch noch?
Bei so vielen Königen, kein Wunder, dass ich dich übersehe!
Wie viel Zeit nehme ich mir denn für dich?
Wie wichtig bist du mir?
Frage ich bei meinen täglichen Aufgaben und Entscheidungen, was du von mir willst?
Nehme ich deine Freundschaft an?

Roman Aigner

Wachse in mir

Wachse, Jesus, wachse in mir.
In meinem Geist, in meinem Herzen,
in meiner Vorstellung, in meinen Sinnen.
Wachse in mir in deiner Milde, in deiner Reinheit,
in deiner Demut, deinem Eifer, deiner Liebe.
Wachse in mir mit deiner Gnade,
deinem Licht und deinem Frieden.
Wachse in mir zur Verherrlichung deines Vaters,
zur größeren Ehre Gottes. Amen.

Pierre Olivaint

FEUER

entsteht aus kleinen Funken.
Aber nur, wenn es etwas gibt,
das sich anstecken lässt.
Dann wird der Funken zu einem Licht,
das wärmt, das durch seine Hitze
etwas verändert.

Jesus,
lass deinen Funken auf mich überspringen.

Entzünde mich,
damit ich dir nachfolgen kann.
Entzünde mich,
damit ich dir ähnlich werde.
Entzünde mich,
damit ich dein Licht zu den Menschen trage.
Amen.

Judith Werner, Philipp Seher

Die kleinen Schritte der Hoffnung

Jesus, ich werde nicht warten,
ich lebe den gegenwärtigen Moment,
indem ich ihn ausfülle mit Liebe.

Die gerade Linie setzt sich zusammen
aus Millionen von kleinen Punkten,
die miteinander verbunden sind.

Auch mein Leben setzt sich zusammen
aus Millionen von Sekunden und Minuten,
die miteinander verbunden sind.

Sorge ich dafür, dass jeder Punkt
sich vollkommen ordentlich an den anderen fügt,
so wird die Linie gerade sein.

Lebe ich jede Minute in Vollkommenheit,
wird das Leben heilig sein.

Den Weg der Hoffnung
bilden kleine Schritte der Hoffnung.
Das Leben der Hoffnung
bilden die kurzen Minuten der Hoffnung.

Wie du, Jesus, der du immer das getan hast,
was deinem Vater gefällt.

Jede Minute will ich dir sagen:
Jesus, ich liebe dich,
mein Leben ist immer ein neuer
und ewiger Bund mit dir.
Jede Minute will ich mit der ganzen Kirche singen:
Ehre sei dem Vater und dem Sohn und dem Heiligen Geist.
Amen.

François Xavier Kardinal Nguyên Van Thuân

Danke für Deine Nähe

Jesus, bei dir weiß ich mich
gut aufgehoben.
Überall kann ich dich
suchen und finden.
Immer gehst du
dicht an meiner Seite.
Für deine Nähe
danke ich dir.
Amen.

Selig, die Gott vertrauen – Aufbruch wagen

Es kommt vor allem darauf an,
entschlossen zu beginnen.
Wer entschlossen beginnt,
hat schon einen guten Teil
des Weges hinter sich.

Teresa von Ávila

Zu Gott aufbrechen

Du Gott des Aufbruchs, segne uns,
wenn wir dein Rufen vernehmen,
wenn deine Stimme lockt,
wenn dein Geist uns bewegt
zum Aufbrechen und Weitergehen.

Du Gott des Aufbruchs,
begleite und behüte uns,
wenn wir aus Abhängigkeiten entfliehen,
wenn wir uns von Gewohnheiten verabschieden,
wenn wir festgetretene Wege verlassen,
wenn wir dankbar zurückschauen
und doch neue Wege wagen.

Du Gott des Aufbruchs,
wende uns dein Angesicht zu,
wenn wir Irrwege nicht erkennen,
wenn uns Angst befällt,
wenn Umwege uns ermüden,
wenn wir Orientierung suchen
in den Stürmen der Unsicherheit.

Du Gott des Aufbruchs,
leuchte auch unserem Weg,
wenn die Ratlosigkeit uns fesselt,
wenn wir fremde Lande betreten,
wenn wir Schutz suchen bei dir,

wenn wir neue Schritte wagen
auf unserer Reise nach innen.

Du Gott des Aufbruchs,
mach uns aufmerksam,
wenn wir mutlos werden,
wenn uns Menschen begegnen,
wenn unsere Freude überschäumt,
wenn Blumen blühen,
die Sonne uns wärmt,
Wasser uns erfrischt,
Sterne leuchten auf unserem Lebensweg.

Du Gott des Aufbruchs,
sei mit uns unterwegs
zu uns selbst,
zu den Menschen,
zu dir.

ZIEL

Mach uns unruhig

Mach uns unruhig, o Herr,
wenn wir allzu selbstzufrieden sind;
wenn unsere Träume sich erfüllt haben,
weil sie allzu klein und eng und beschränkt waren;
wenn wir uns im sicheren Hafen bereits am Ziel wähnten,
weil wir allzu dicht am Ufer entlang segelten.

Mach uns unruhig, o Herr,
wenn wir über der Fülle der Dinge, die wir besitzen,
den Durst nach den Wassern des Lebens verloren haben;
wenn wir, verliebt in diese Erdenzeit,
aufgehört haben, von der Ewigkeit zu träumen;
wenn wir über all den Anstrengungen,
die wir in den Aufbau der neuen Erde investieren,
unsere Vision des Neuen Himmels verblassen ließen.

Rüttele uns auf, o Herr,
damit wir kühner werden
und uns hinauswagen auf das weite Meer,
wo uns die Stürme deine Allmacht offenbaren,
wo wir mit schwindender Sicht auf das Ufer
die Sterne aufleuchten sehen.

Im Namen dessen, der die Horizonte
unserer Hoffnungen weit hinausgeschoben
und die Beherzten aufgefordert hat,
Ihm zu folgen.

Gebet aus den Philippinen

Neues wagen

Ich wage Neues,
weil ich im Alten
nicht mehr leben will.

Ich wage mich vor
in das Fremde und Ungewohnte
mit seinem Schmerz und seinem Glück.

Ich will mich den Veränderungen
mit ihrer Not und Unsicherheit bewusst aussetzen.

Ich stelle mich den Herausforderungen,
kämpfe mit meiner Angst
und aktiviere meine Fantasie.

Ich entfalte mich.
Und wage zu entdecken,
was noch alles in mir schlummert.

Weisung

Auf dein Wort hin, Herr,
haben Menschen das Sinnlose gewagt,
sie haben Anfänge gesetzt, die von vornhinein
zum Scheitern verurteilt schienen.

Auf dein Wort hin, Herr ...
Das allein war der Weg und die Brücke,
die Richtung und das Licht,
das Tragende und das Sichere,
wo alles zu wanken und zu zerfließen schien.

Auf dein Wort hin baute Noah die Arche,
und sie trug ihn über den Spott seiner Zeitgenossen,
noch bevor sie ihn über das Wasser trug.

Auf dein Wort hin, Herr,
ging Abraham fort in das fremde Land.
Noch weiter ging er fort, als er aufstand,
um den Sohn zu opfern,
und die Verheißung in deine Hand zurücklegte.

Auf dein Wort hin ging Mose zum Pharao,
er sprach zu denen,
die Ohr und Herz verschlossen.
In deiner Kraft führte er das Volk heraus und hindurch,
auch wenn es nicht wollte.

In deiner Kraft verkündeten die Propheten das Wort,
das du auf sie gelegt hattest,
auch wenn niemand zuhören wollte.

Auf dein Wort hin kehrten einige zurück aus Babel
in das Land der Verheißung.
Sie hofften wider jeder Hoffnung auf das Kommen
deines Reiches.

In deiner Kraft überwand Judit die Macht des Bösen.
Sie wagte ihr Leben für die Brüder
und löste sie aus Knechtschaft und Verfremdung.

Auf dein Wort hin, Herr,
sprach Maria ihr Ja zum Morgen der Verkündigung
und am Abend des Kreuzes.

In ihr traf sich das Ja aller Gerechten seit Anbeginn der Welt
und das Ja aller Bereitschaft bis zur Vollendung der Welt.

Auf dein Wort hin warf Petrus das Netz aus
und empfing Fülle und Verheißung.
In deiner Kraft ging er über das Wasser und ließ
sich führen, wohin er nicht wollte.

Auf dein Wort hin, Herr,
verließen die Zeugen der alten Zeit
und die Zeugen unserer Zeit ihr Leben
und fanden es neu in dir.

In deiner Kraft werden die Boten nicht müde,
dein Wort in die Verschlossenheit der Welt zu tragen,
auch wenn niemand auf sie hören will.

Auf dein Wort hin und in deiner Kraft
dienen sie, wo jeder nur das Seine sucht,
vertrauen sie, wo andere aufgeben,
kämpfen sie, wo kein Vorteil zu erwarten ist,
verzeihen sie, wo Feindschaft über sie fällt,
glauben sie, wo alles verzweifelt,
hoffen sie, wo nichts mehr zu hoffen ist,
lieben sie, wo niemand liebt.
In deiner Kraft und auf dein Wort hin, Herr ...

Marcella Welte OSB

Traum

Herr,
du kennst meine Gedanken
und alles, was mein Herz bewegt,
ich weiß, du kennst auch meine Träume.

Bitte unterstütze mich
in diesen Zeiten,
in denen meine Träume endlich Gestalt annehmen.
Ich habe so viel vor,
und so viel Kraft, die du mir gegeben hast.
Dafür danke ich dir,
aber ich möchte dich auch bitten,
mich immer weiter zu unterstützen
und mein ewiger Antrieb zu sein.
Denn es gibt keinen besseren,
keinen stärkeren,
keinen richtigeren Antrieb
als den, der von dir kommt.
Amen.

Achim Blackstein

Mut zu leben

Groß und stark sein,
schön, cool und sexy,
was zu sagen haben,
das ist in.

Aber wenn ich mich im Spiegel sehe,
komme ich mir ganz klein vor.
Ich bin nicht so toll,
wie ich es so gern wäre.

Ich stehe nicht in der Mitte,
aus mir wird kaum was Großes werden,
was soll ich nur machen,
nichts gelingt mir.

Und wenn die kleinen Schritte richtig wären,
die kleinen Wege zum Ziel führen,
die „kleinen" Menschen nach deinem Willen sind?

Gott der Armen und Kleinen,
lass mich erkennen,
dass nicht Größe und Macht und Ansehen entscheiden,
sondern der Mut zum Leben.
Amen.

Jenny

Du zeigst mir den Weg

Vater,
wie oft schaue ich in den Himmel
und wünschte mir dort
eine menschliche Gestalt,
die sich angeregt mit mir unterhält.
Doch wenn ich meine Gedanken
in den Himmel steigen lasse,
kommen keine gesprochenen Worte zurück.
Ich warte und
– unverhofft –,
wenn es schon fast vergessen ist,
frischst du meinen Glauben auf
und zeigst mir so den Weg.
Dafür will ich dir
danken.
Amen.

Ich habe keine Angst

Ich habe viel Freude am Leben.
Gott steht auf meiner Seite.
Mit den Menschen, die ich mag,
und mit Gott kann mir nichts passieren.

Worauf es ankommt, ist doch, dass Gott mich mag
und dass ich andere lieben kann.
Und das kann mir keiner nehmen.
Keine Dunkelheit, keine Schuld,
keine Verachtung durch die Menschen,
keine Krankheit.
Nichts kann mich von Gott und von der Liebe,
von der Freude und vom Glauben trennen.

Natürlich macht mich das nicht unverletzlich,
und manchmal fürchte ich mich vor dem, was als nächstes kommt.

Aber wenn ich mich fürchte – bete ich.
So kann die Angst, die mich ab und zu überkommt,
immer wieder Gelegenheit zum Gebet sein.
Nichts, auch nicht die Angst, etwas zu verpassen,
kann mich von Gott trennen.
Ganz im Gegenteil,
je unsicherer ich bin, umso fester halte ich mich an Gott.

Bei ihm fühle ich mich sicher.
Er zeigt mir, wie schön es ist, zu lachen,

sich zu freuen,
Spaß zu haben
und für andere da zu sein.
Das Leben ist schön,
weil Gott es mir geschenkt hat.

Meine Fröhlichkeit soll ein Zeichen meines Dankes sein.

Peter van Briel

LOSGEHEN

Vater, ich bin von dir gerufen,
reiß mich aus meiner Ruhe,
wenn ich nicht hören will,
schenke mir die Klarheit,
die richtigen Entscheidungen zu treffen,
lass mich meine Talente nutzen,
denn du hast sie mir geschenkt,
damit diese Welt ein wenig besser wird.

Gib mir deinen Segen,
damit ich den Mut habe loszugehen,
dass ich die Kraft habe durchzuhalten,
und dass ich das Vertrauen habe,
mit dir ans Ziel zu gelangen.

Guido Erbrich

Auf der Suche – Zweifel & Fragen zulassen

Ich würde mich weigern,
an einen Gott zu glauben,
den ich verstehen könnte.

Graham Greene

E-Mails

Herr,
oft wünsch ich mir
ein ZEICHEN von dir
Eine E-Mail, eine SMS
Mit der FROHEN BOTSCHAFT

Die mir sagt,
was ich zu tun und lassen habe
Die mir verrät,
was die ZUKUNFT bringt
Die mir Mut schenkt
Im Attachment eine große Portion
Hoffnung

Es wär leichter
mit einer E-Mail-Adresse von dir,
an die ich mich wenden kann,
nicht lange warten muss auf Antwort,
auf das Re-Mail in meinem Posteingang:
DEINE WORTE schwarz auf weiß,
eindeutig und ohne Zweifel

Herr,
lass mich erkennen,
WAS DU MIR SAGEN WILLST,
wie du die Zeichen gibst,
was die Stimme in mir spricht,
dass ich lerne,
deine Botschaften
zu deuten

Stephan Sigg

Wenn keiner da ist
und du keine Freunde hast,
dann ist Gott da.
Gott ist immer da.
Er ist dein treuer Begleiter,
der dich nie im Stich lässt.

Wenn keiner da ist
und du große Angst hast,
dann ist Gott da.
Gott ist immer da.
Er hält deine Hand
und nimmt dir die Angst.

Wenn keiner da ist
und dir die Decke auf den Kopf fällt,
dann ist Gott da.
Gott ist immer da.
Er hält schützend seine Hände über dich
und passt auf dich auf.

Gott ist immer da.
Er lässt dich nie alleine und beschützt dich.
Er nimmt dich in den Arm und passt auf dich auf.
Er hilft dir immer und überall.
Er ist dein treuster Begleiter,
der dich so mag, wie du bist.
Auf Gott kannst du dich verlassen.

Annja Teschers

Wo kommt Gott in meinem Leben vor?

Wo kann ich ihn erfahren?
Wo soll ich ihn suchen?
Manche reden von ihm wie von einem alten Bekannten.
Aber wen meinen sie damit?

Ich bin nicht sicher – Gott,
ob sie dich meinen.

Soll ich dich suchen bei denen,
die ständig von dir reden?

Ich suche –
suchen kann ich nur,
was ich noch nicht kenne,
was ich noch nicht für mich habe
und was ich doch brauche,
so notwendig brauche,
so dringend für mein Leben brauche.

Lass mich nicht aufgeben, Gott,
dich zu suchen.

Du kommst mir zuvor

Ich machte mich auf den Weg zu dir,
doch schon sah ich, du kamst
mir entgegen.
Ich wollte dir sagen:
Ich liebe dich,
doch schon hörte ich dich flüstern:
Du bist mir lieb.
Ich wollte dich um Vergebung bitten,
doch ich erfuhr, du hattest mir
längst vergeben.
Ich wollte dich „Vater" nennen,
doch ich hörte dich rufen:
„Mein Kind!"
Ich verlangte danach,
in dir zu leben,
doch ich entdeckte,
du lebst in mir.

Mein Gott, ich werde nie
der erste sein.
Liegt darin mein Glück
verborgen?
Du kommst mir immer zuvor,
um mir nachzugehen.

Gibt es Gott?

Wenn dir der Gedanke kommt, dass alles, was du über Gott gedacht hast, verkehrt ist und dass es keinen Gott gibt, so gerate darüber nicht in Bestürzung. Es geht allen so. Glaube aber nicht, dass dein Unglaube daher rührt, dass es keinen Gott gibt. Wenn du nicht mehr an Gott glaubst, an den du früher glaubtest, so rührt es daher, dass in deinem Glauben etwas verkehrt war, und du musst dich bemühen, besser zu begreifen, was du Gott nennst. Wenn einer an seinen hölzernen Gott zu glauben aufhört, so heißt das nicht, dass es keinen Gott gibt, sondern nur, dass er nicht aus Holz ist.

Leo Tolstoi

Zweifel

Zweifel sind Boten des lebendigen Gottes
an den Aufrichtigen.
Sie sind das erste Anklopfen an unserer Tür von Dingen,
die wir noch nicht verstehen.

Zweifel muss jeder tieferen Gewissheit vorausgehen;
denn wenn wir in ein bis jetzt unbekanntes, unerforschtes,
noch nicht einbezogenes Gebiet hineinblicken,
sehen wir nur ungewisse Umrisse.

George MacDonald

Hallo Gott,

wie geht's dir heute? Ich hatte einen ganz merkwürdigen Tag, war viel unterwegs und habe vor allem über dich nachgedacht.

Den Menschen hast du mit Weisheit geschaffen,
damit er über deine Geschöpfe herrscht.
(Weisheit 9,2)

Warum hat der Mensch nicht die Weisheit, mit deinen Geschöpfen sinnvoll umzugehen? Du hast den Menschen mit Weisheit erschaffen, aber wie wird er fähig, sie zu leben? Es gibt im Leben viele Dinge zu lernen, doch die Weisheit ist wohl das Schwerste.

Warum soll der Mensch über deine Geschöpfe herrschen? Ist er nicht nur Gast auf Erden?

Hilf, dass wir Menschen endlich lernen, unsere Weisheit für und nicht gegen deine Schöpfung einzusetzen! Bis bald ...

Ich bin jung

Ich bin jung und ich bin auf der Suche:
Ich suche Leben.
Ich suche Liebe, Geborgenheit, Wahrheit.
Ich suche Freude.
Ich suche den Menschen,
den einen unverwechselbar.

Aber ich finde Einsamkeit und Misstrauen.
Ich finde Lügen, Leid, Verzweiflung.
Ich finde Menschen,
bei denen ich mich frage:
Hast du auch die erschaffen, Gott?

Und so finde ich nicht,
was ich suche.

Du aber –
finde du mich.

Ein Stück vom Himmel –
Hilfe erbitten

Gott beantwortet das Gebet
auf seine Weise,
nicht auf die unsrige.

Mahatma Gandhi

Ein Gebet an jedem Finger

Der **Daumen** ist dir am nächsten. So fange damit an, für die zu beten, die dir am nächsten sind. Es sind die Personen, an die du dich am leichtesten erinnerst. Für unsere Lieben zu beten, ist „eine süße Pflicht".

Der nächste Finger ist der **Zeigefinger**. Bete für die, die lehren, anweisen und heilen. Das beinhaltet die Meister, die Lehrer, die Ärzte und die Priester. Diese brauchen Unterstützung und Weisheit, um den anderen die richtige Richtung zu weisen. Habe sie immer gegenwärtig in deinen Gebeten.

Der nächste Finger ist **der größte**. Er erinnert uns an unsere Führer. Bete für den Präsidenten, die Kongressabgeordneten, für die Unternehmer und die Geschäftsführer. Diese Personen weisen das Schicksal unserer Heimat und leiten die öffentliche Meinung. Sie brauchen die Führung Gottes.

Der vierte Finger ist der **Ringfinger**. Auch wenn es viele überrascht, das ist unser schwächster Finger, wie dir jeder beliebige Klavierlehrer sagen wird. Das muss uns daran erinnern, für die Schwächsten zu beten, mit vielen Problemen oder durch Krankheiten niedergedrückt. Sie brauchen dein Gebet Tag und Nacht. Es ist niemals zu viel, was du für sie betest. Auch muss es uns einladen, für die Ehen zu beten.

Und zum Schluss ist da unser kleiner Finger, der kleinste von allen Fingern, der ist, wie wir uns vor Gott und vor den Anderen sehen müssen. Wie die Bibel sagt: „Die Letzten werden die Ersten sein." Dein **kleiner Finger** muss dich erinnern, für dich zu beten. Wenn du schon für die ersten vier Gruppen gebetet hast, siehst du deine eigenen Bedürfnisse in der richtigen Perspektive und kannst so besser für die deinen beten.

Papst Franziskus

Stress

Gott,
ich weiß nicht mehr,
wo mir der Kopf steht.
Ich bin total überlastet,
ausgelastet, belastet.
Bringe ich eine Sache zum Ende,
steht schon die nächste vor der Tür.
Ich finde keine Zeit mehr zur Erholung.
Ich weiß nicht mehr,
was Ruhe eigentlich ist.
Greif ein und rette mich! Amen.

Achim Blackstein

Jetzt

Ich bitte nicht um Wunder und Visionen, Herr,
sondern um Kraft für den Alltag.
Lehre mich die Kunst der kleinen Schritte:
Mache mich sensibel in der richtigen Zeiteinteilung.
Schenke mir das Fingerspitzengefühl,
um herauszufinden,
was erstrangig und zweitrangig ist.
Lass mich erkennen, dass Träume nicht weiterhelfen,
weder über die Vergangenheit, noch über die Zukunft.
Hilf mir, das Nächste so gut wie möglich zu tun
und die jetzige Stunde als die wichtigste zu erkennen.

Antoine de Saint-Exupéry

Am Ende

O Gott, ich bin verzweifelt.
Nichts will mir gelingen,
ich fühle mich so unnütz.
Wie soll das weitergehen?
Hilf mir, vorwärts zu
schauen und nicht
über Vergangenes
zu klagen.
Hilf mir, zu erkennen, was ich tun
kann: Wer wartet
auf ein Zeichen meiner Liebe, wo ist meine Hilfe gefordert,
wem sollte ich ein aufmunterndes Wort sagen?
Hilf mir, o Herr, zu helfen
und Freude zu bereiten,
dann kann vielleicht auch ich wieder zu einem frohen Menschen werden.

Hilf mir

Hilf mir,
wenn die nächste
Hürde kommt
und ich es nicht
mehr zu schaffen glaube,
mich verheddre und stolpere

Wenn die **Anforderung**
größer ist
als mein Wissen
und ich zu ertrinken drohe
in der Flut der Fragen,
der Leere auf dem Blatt

Hilf mir,
wenn die **Last**
mich zu erdrücken droht
und ich mich vor
Aufgaben nicht retten kann

Wenn die Woche endlos
weit und die Tage
ein Marathonlauf
nach dem anderen sind

Hilf mir,
Niederlagen zu ertragen
mit Weisheit,
Hoffnung auf Sonntag
und dem Glauben an dich

Stephan Sigg

GOTT,

ich will dir von diesem Typen erzählen:
Seine Arroganz und alles an ihm macht mich wütend!
Wie der lebt und wie er sich benimmt!
Gott, ich kann mir nicht vorstellen,
dass du diesen Menschen überhaupt kennst!
Wie bitte? Du sagst mir, dass du ihn erwählt hast?
Er hat viel durchgemacht. So wurde sein Herz hart.
Doch unter seiner rauen Schale schlummert dein Geist.
Du vertraust mir, dass ich ihn erwecke?
Weil du weißt, dass ich einer der Deinen bin,
hast du gedacht, dass du mir
mit dieser Begegnung etwas Gutes tust.
Du willst, dass ich ihm verzeihe,
dass er nicht so ist, wie ich es mir vorstelle.
Mein Gott, mein Urteil und deines sind so verschieden!
Warum soll ausgerechnet ich mich bemühen?
Und warum ausgerechnet um diesen Menschen?
Ich beginne zu verstehen, dass bei dir die Liebe
niemals rechnet und keine Grenzen hat.
Ich bitte dich für diesen Menschen.
Ich ahne, dass er einen Kreuzweg hinter sich hat
und Liebe braucht.
Er ist dir an deinem Kreuz so nahe –
so nahe bin ich dir noch nie gewesen!
Amen.

Judith Werner, Philipp Seher

Dein Reich & dein Friede komme

Geheiligt werde dein Name –
nicht der meine,
dein Reich komme –
nicht das meine,
dein Wille geschehe –
nicht der meine.
Gib uns Frieden mit dir,
Frieden mit den Menschen,
Frieden mit uns selbst
und befreie uns
von Angst.

Dag Hammarskjöld

Bitte, guter Gott

Gib, dass ich lerne zu unterscheiden:
das Wichtige vom Unwichtigen,
das Vergängliche vom Bleibenden,
das Oberflächliche vom Wesentlichen,
das Vorläufige vom Endgültigen.

Herr, ich habe dich um Kraft gebeten,
um Erfolg zu haben;
du hast mich schwach werden lassen,
damit ich gehorchen lerne.

Ich habe dich um Gesundheit gebeten,
um große Dinge zu tun;
ich habe die Krankheit erhalten,
um Besseres zu tun.

Ich habe dich um Reichtum gebeten,
um glücklich zu sein;
ich habe die Armut erhalten,
um weise zu sein.

Ich habe dich um Macht gebeten,
um von den Menschen geschätzt zu werden;
ich habe die Ohnmacht erhalten,
um Verlangen nach dir zu spüren.

Ich habe dich um Freundschaft gebeten,
um nicht allein leben zu müssen;
du hast mir ein Herz gegeben,
um alle meine Brüder und Schwestern zu lieben.

Ich habe nichts von dem gehabt,
was ich erbeten hatte;
ich habe alles gehabt,
was ich erhofft hatte.

Fast gegen meinen Willen
sind meine ungesagten Gebete
erhört worden.
Ich bin der Beschenkteste
aller Menschen.
Ich danke dir, Herr.

Menschenfinder

Mit vielen Menschen habe ich nicht mehr gemeinsam,
als dass wir uns Guten Tag sagen,
zusammen Sport treiben,
mit dem gleichen Bus fahren.
Aber diese Leute brauche ich nicht.
Und sie brauchen mich nicht.

Was ich brauche,
ist ein Mensch,
der versucht,
mich zu verstehen,
der mir hilft,
mich zu verstehen,
der nichts anderes will,
als mein Freund zu sein.

Wo finde ich einen solchen Menschen?
Herr, ich vertraue darauf,
dass du mir diesen Menschen über den Weg laufen lässt.

Wie in einer Schachtel

O Herr, hilf mir.
Ich bin wie in einer Schachtel,
die mit Seilen verschnürt ist.
Hilf mir,
diese Seile zu durchschneiden,
so dass sie herabfallen.
Hilf mir dann,
den Deckel zu heben,
und wirf ihn weg,
so dass ich hinaussteigen kann.

Gebet eines kranken Jugendlichen

Das Unmögliche vollbringen – Schwächen und Stärken erkennen

Wir neigen dazu,
uns selbst und unsere Ansprüche
in den Mittelpunkt zu stellen.
Das ist sehr menschlich,
aber nicht christlich.

Papst Franziskus

Ich bin

Ich bin,
der ich bin,
und ich bin ganz da:
Mit all meinen Fehlern und Schwächen.

Ich bin,
der ich bin,
und ich bin ganz da:
Mit all meinem Können und Tun.

Ich bin,
der ich bin,
und ich bin ganz da:
Mit all meinem Wünschen und Hoffen.

Ich bin,
der ich bin,
und bin von dir geschaffen:
Damit ich werde.

Frank Greubel

Von der Selbsterkenntnis

Das Ich ist ein Meer, grenzenlos und unermesslich.
Sagt nicht: „Ich habe die Wahrheit gefunden",
sondern lieber: „Ich habe eine Wahrheit gefunden."
Sagt nicht: „Ich habe den Pfad der Seele gefunden."
Sagt lieber: „Ich habe die Seele auf meinem Pfad
wandelnd getroffen."
Denn die Seele wandelt auf allen Pfaden.
Die Seele wandelt nicht auf einer Linie,
noch wächst sie wie ein Schilfrohr.
Die Seele entfaltet sich wie eine Lotosblume
mit zahllosen Blättern.

Khalil Gibran

Was wichtig ist

Es ist nicht wichtig,
immer im Mittelpunkt zu stehen.
Es ist nicht wichtig,
immer an der Spitze zu sein.
Es ist nicht wichtig,
immer Recht zu haben.
Es ist nicht wichtig,
immer der Stärkere zu sein.

Wichtig ist es,
sich nicht mit fremden Federn zu schmücken.
Wichtig ist es,
niemanden an die Wand zu drücken.
Wichtig ist es,
die Meinung anderer zu respektieren.
Wichtig ist es,
dem Schwachen beizustehen.

Guter Gott, hilf mir, zu erkennen,
was in meinem Leben wirklich wichtig ist.

Segne uns!

Wenn wir lieben,
segne uns,
damit unsere Umarmung
nie zur Umklammerung werde.

Wenn wir träumen und hoffen,
segne uns,
damit unsere Augen offen bleiben
für die Wirklichkeit des Lebens.

Wenn wir stark und selbstbewusst sind,
segne uns,
damit wir nicht selbstgefällig werden.

Wenn wir schwach sind,
segne uns,
damit wir kein Unheil anrichten.

Wenn wir ausruhen,
segne uns,
damit dein unruhiger Geist
in uns lebendig bleibe.

Wenn wir dem Tod ins Auge sehen,
segne uns,
damit wir nicht aus Angst vor ihm
das Leben vergessen,
sondern ihn als Brücke
zum ewigen Leben erkennen.

Wie ein Spielball

Lieber Gott, oft komme ich mir vor wie ein Spielball.
Man wirft mich hin und her, je nach Laune.
Man wirft mich fort, man nimmt mich wieder auf,
man lässt mich irgendwo in der Ecke liegen,
man beachtet mich nicht,
man stolpert über mich hinweg,
man gibt mir einen Tritt, man greift nach mir,
hält mich fest, überlässt mich fremden Händen.

Herr, mein Gott, warum werden wir Menschen
wie Spielbälle behandelt? Muss das so sein?
Wäre es nicht denkbar, dass Menschen einander
liebevoller begegneten, einander zärtlicher behandelten?

Lieber Gott, denk daran, wie schwer es ist für Menschen,
wie Spielbälle herumgeworfen, wie Abfall
weggeworfen zu werden. Nimm dich der Menschen an!

Herr, mein Gott, lehre uns, dass wir einander
nicht länger wie Spielbälle behandeln,
sondern Achtung haben voreinander.

Schulmädchen aus dem Libanon

Gelassenheit, Mut, Weisheit

Herr, gib mir die **Gelassenheit**,
Dinge hinzunehmen,
die ich nicht ändern kann.

> Gib mir den **Mut**,
> Dinge zu ändern,
> die ich ändern kann.

> Und gib mir die **Weisheit**,
> das eine vom anderen
> zu unterscheiden.

In deine Hände

O Herr, ich gebe mich ganz in deine Hände.
Mach mit mir, was du willst!
Geschaffen hast du mich für dich.
Das Verlangen, die Freuden,
die Schwachheiten, die Pläne, die Meinungen,
die mich von dir fernhalten
und mich auf mich selbst zurückwerfen,
alles opfere ich dir. Ich will das sein,
wozu du mich haben willst;
ich will all das werden,
wozu du mich machen willst.

Da ich schwach bin, sage ich nicht:
„Ich will dir folgen, wohin du gehst."
Aber ich gebe mich dir,
dass du mich führst, gleich, wohin.
Ich will dir folgen und bitte dich
allein um Kraft für meinen Tag.

John Henry Newman

Gib mir Halt!

Gott,
die Probleme des Alltags
und die schwierigen Situationen meines Lebens lassen
mich immer wieder stolpern.
Fange du mich auf
und gib mir sicheren Halt
und neue Hoffnung.
Vergib mir,
wo ich gesündigt
habe.
Amen.

Grenzen überwinden

Lieber Gott,
oft handle ich falsch und ungerecht,
obwohl ich weiß, dass es nicht richtig ist
und dass ich mir sogar selbst schade.
Aber ich will cool sein und nicht
als Verlierer verspottet werden.
Deswegen habe ich Angst,
auf mein Gewissen zu hören.
Gib mir den Mut, Gott,
keine dummen Kompromisse
einzugehen.
Gib mir den Mut, mich nicht
von Äußerlichkeiten in die falsche
Richtung lenken zu lassen.
Mit deiner Hilfe überwinde ich die Grenze
zwischen Denken und Handeln.
Amen.

Keiner – ausser dir

Manchmal würde ich am liebsten sagen:
Lasst mich doch alle in Frieden!
Gebt endlich Ruhe! Verzieht euch!

Ich brauche euch nicht,
keiner soll an mich rankommen,
keiner soll mir gute Tipps geben,
keiner soll für mich entscheiden,
keiner soll mein Leben für mich leben.

Und doch, Gott,
sehne ich mich nach echter Nähe,
hoffe ich auf Ermutigung und Rat,
wünsche ich mir Verständnis,
dürste ich nach wahrer Liebe.

Du weißt das alles,
dir ist nichts verborgen.
Dir möchte ich alle meine Grenzen öffnen,
dich möchte ich in mein Leben einlassen,
du sollst mein König sein.

Ich danke dir, Gott,
dass du immer wieder bei mir anklopfst
und mich mit mir nicht alleine lässt. Amen.

Dörte Schrömges

Das Leben in Fülle –
einfach Danke sagen

Nicht die Glücklichen
sind dankbar.
Es sind die Dankbaren,
die glücklich sind.

Francis Bacon

Psalm 139 – In neuen Worten

Herr, mein Gott, mein Vater im Himmel,
wie schön, dass du mich siehst.
Du kennst mich.
Du siehst mich, wenn ich Angst habe,
du siehst mich, wenn ich mich verstecke
und nicht zugebe, was ich getan habe.
Du siehst mich, wenn ich allein bin
und von großen Dingen träume
und von dem Leben, das vor mir liegt.
Wie gut, dass du mich siehst!
Ich kann ja keinen Schritt tun,
bei dem du mich nicht begleitest.
Ich kann kein Wort denken,
das du nicht hörst, ehe ich es ausspreche.
Wie in zwei großen Händen hältst du mich.
Ich bin darin geborgen wie ein Vogel im Nest,
und manchmal scheint mir,
ich sei darin gefangen wie ein Vogel im Käfig.

Herr, manchmal ist mir unheimlich
vor deiner großen Hand, in der ich gefangen bin,
und ich möchte ihr gerne entrinnen.
Ich denke über die große Welt nach,
über die künstlichen Monde, die die Menschen machen,
über die Raumschiffe, die in den Weltraum hinausjagen, und denke mir,
dass wir Menschen dich eigentlich nicht mehr nötig haben.

Aber während ich das denke, bist du um mich,
und ich bin in deinen beiden großen Händen.
Ich denke manchmal auch,
es habe eigentlich gar keinen Sinn, dass es mich gibt.
Dann habe ich dieses Leben satt
und würde es gerne wegwerfen,
denn ich habe es mir nicht selber ausgesucht.
Aber ich weiß: Wenn ich mein Leben wegwerfe
und zu den Toten komme,
dann begegne ich dort doch wieder dir,
und ich bin wieder in deinen Händen gefangen
und bin weder meinen
Aufgaben noch dir
entflohen.

Manchmal träume ich vom großen Leben.
Ich träume davon,
reich oder schön oder mächtig zu sein,
so dass mich die Menschen sehen
und bewundern und von mir reden.
Nicht nur die in meiner Straße,
sondern alle, alle Menschen in der ganzen Welt,
dann kommt es mir so dumm und klein vor,
das Leben, das ich führen soll,
in dem es immer heißt:
Du sollst, du sollst nicht.
Du darfst, du darfst nicht.
Und ich möchte
dem allen davonlaufen.

Aber ich weiß, das sind Träume.
Deine Hand ist stärker.
Deine Hand hält mich fest in meiner Schule
oder in meiner Arbeit
oder in deinem Hause,
und auf alle Fälle dort, wo meine kleinen Aufgaben sind.
Es ist gut, Herr, dass du mich festhältst.

Manchmal denke ich: Jetzt sieht mich niemand.
Kein Mensch sieht mich und auch du, Herr,
bist nicht dabei.
Wenn es dunkel ist oder wenn die Vorhänge an meinem
Fenster zugezogen sind.

Und doch weiß ich, wie dumm es ist, zu meinen,
dass du, Gott, das Tageslicht brauchst oder eine Lampe,
um mich zu sehen,
als ob du Augen hättest wie ein Mensch.

Aber es ist gut, Herr, dass du mich siehst.
Wie sollte ich leben können,
wenn du nicht auf mich acht hättest,
wenn du mit deinen großen Händen
und mit deiner Liebe
nicht immer und überall um mich her wärest?

Wenn ich mich selbst betrachte
und meine Hand ansehe
oder im Spiegel mein Gesicht oder meine Gestalt,
dann weiß ich: Das alles hast du gemacht.
Es ist gut, das zu wissen.
Ich weiß nichts davon,
was mit mir geschehen ist, als ich klein war,
als ich noch nicht gehen
und noch nicht sprechen konnte.
Ich weiß auch nicht, wie es zuging,
dass ich im Leib meiner Mutter
wuchs.
Auch das hast du getan.
Aus deinen guten und
großen Gedanken
bin ich entstanden.

Gib mir Ehrfurcht
in mein Herz und in meine Gedanken.
Ehrfurcht vor dem Leibe,
in dem meine Mutter mich getragen hat,
und Ehrfurcht vor deinen geheimnisvollen Gedanken.
Denn ich möchte dir danken für alles,
was du mir gegeben hast,
für meinen Leib, für Geist und Seele,
für meine Geschicklichkeit
und meine gesunde Kraft.

Ich möchte dir für vieles andere mehr danken.
Ich danke dir, dass du meinen Weg bestimmt hast
und nicht der Zufall, nicht die Sterne,
die die Leute um mich her befragen,
auch nicht die fremde Macht,
die wir das Schicksal nennen.
Ich danke dir für jeden Tag, den ich erlebe,
denn er kommt aus deiner guten Hand.
Ich bitte dich, mein Gott,
hilf mir, dass ich mich nicht beklage,
weil ich nicht so begabt,
nicht so schön
oder nicht so gesund bin wie andere.
Lass mich dankbar sein,
dass du mich so gemacht hast, wie ich bin,
lass mich dankbar sein und dich preisen.

Dank für die Musik

Gott, du hast nicht nur Töne und Geräusche erschaffen,
sondern auch die Musik und ihre Rhythmen.
Schon in der Natur gibt es Musik,
das Rauschen des Windes in den Wäldern,
das Brausen des Meeres am Strand,
den Gesang der Vögel.
Ich mag Musik, o Herr,
ich singe die Lieder
vom Wanderlied bis zum neuesten Song,
selbst die Lieder in der Kirche,
auch wenn manche so schwülstig oder überfromm sind,
dass ich sie nicht unterschreiben möchte.
Ich musiziere gern, allein oder mit anderen,
ganz gleich ob einer die Geige spielt
oder Posaune bläst, trommelt oder einfach pfeift.
Auch der Sound meines Motorrades und der
Gang meiner Freundin sind Musik für mich.
Gott, du bist der Erfinder der Musik.
Mit Musik will ich dir danken.

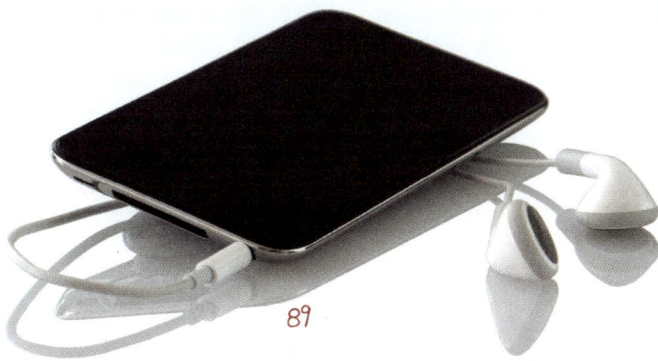

Du schaffst und durchdringst alles

Alles durchdringst du,
die Höhen, die Tiefen
und jeden Abgrund.
Du baust und bindest alles.
Durch dich träufeln die Wolken,
regt ihre Schwingen die Luft.
Durch dich birgt Wasser das harte Gestein,
rinnen die Bäche
und quillt aus der Erde das frische Grün.
Du führst auch den Geist,
der deine Lehre trinkt, ins Weite.
Wehst Weisheit in ihn,
und mit der Weisheit die Freude.
Amen.

Nach Hildegard von Bingen

Heute komme ich zu dir

Ich komme, dir zu danken,
Herr, mein Gott.
Wie der Fisch nicht ohne Wasser leben kann,
so kann ich nicht ohne dich sein.
Du hast mich erschaffen,
du erhältst mein Leben.
Heute komme ich zu dir,
heute möchte ich dir danken für das Leben,
das du mir immer wieder neu schenkst.
Ich komme, dir zu danken,
ich komme, dir zu sagen,
wie sehr ich das Leben liebe.
Vor allem freue ich mich,
dass ich dein Kind sein darf,
dass ich göttliches Leben tragen darf,
dass ich deinen Heiligen Geist spüren darf.
Herr, du willst in mir leben, sei mein Gast.
Von ganzem Herzen danke ich dir
für diese Ehre, für diese Freude.

Aus Burkina Faso

Hab Dank!

Herr, unser Gott, hab Dank,
dass du uns siehst.
Jeden Schritt, den wir tun,
begleitest du;
jedes Wort, das wir denken,
weißt du,
ehe wir es aussprechen.

Wir danken dir,
dass du unseren Weg bestimmst,
nicht der Zufall
und nicht die Sterne.
Du allein bist es,
der uns führt.
Wir danken dir für jeden Tag,
den wir erleben;
denn er kommt
aus deiner guten Hand.

Ich bin einverstanden,

Herr, ich bin einverstanden mit dir, wie du bist,
ganz und gar einverstanden,
auch wenn ich dich nicht
verstanden habe noch verstehe.

Herr, ich bin einverstanden
mit mir, ganz innen,
wo du mich nach deinem
Bild geschaffen hast,
weil du mich verstanden hast
und verstehst.

Herr, ich bin einverstanden mit der Welt,
mit ihrem Kern, weil du ihn heil
gemacht hast – geschaffen und
wiederhergestellt.

Herr, ich bin einverstanden mit dem Kreuz,
weil es da, wo es drückt,
von dir schon umfasst ist.
Herr, ich bin einverstanden
mit meinem Auftrag,
weil er von dir ist.

Gleich mache ich mich auf den Weg,
nur schnell noch will ich sagen:
Ich bin einverstanden.

Ich suche ein Gebet ...

Abends	15, 16, 17
Angst	42/43, 65, 84 ff.
Danke sagen	6/7, 14, 15, 66/67, 82/83, 84 ff., 89, 91, 92
Einsamkeit	48/49, 68, 81
Freude & Glück	9, 10/11, 42/43, 82/83, 91, 94
Frieden	65
Für andere beten	58/59, 62, 64
Glauben	10/11, 13, 36/37/38
Hilfe	22, 48/49, 56/57, 61, 63
Hoffnung	15, 28, 72, 79, 84 ff.
Jesus	21, 22, 23, 24/25, 26, 29
Krankheit	66/67, 69
Lebensweg	28, 30/31, 41, 74
Liebe	51, 55, 64, 94, 76
Morgens	8, 9, 10/11, 12, 13, 40
Mut	40, 77, 80
Nachfolge	20, 27, 32/33, 34, 78, 93
Neubeginn	18/19, 30/31, 32/33, 34, 35, 43, 47
Probleme	79, 80, 81
Schöpfung	54, 90
Segen erbitten	43, 75
Stress	14, 60
Suche	22, 44/45, 47, 50, 55, 73
Träume & Wünsche	34, 39, 72, 84 ff.
Unsicherheit & Fehler	23, 42/43, 70/71, 72, 80
Vergebung	79
Vertrauen	8, 23, 36/37/38, 78
Verzweiflung & Wut	62, 64, 76
Zweifel	46, 52, 53, 84 ff.

Quellennachweis

Textnachweis:
S. 14: Guido Erbrich, Mitten am Tag. Aus: Zum Beispiel: WIR. Das Jugendgebetbuch, S. 55 © St. Benno Verlag, Leipzig.
S. 15: Stephan Sigg, Danke, dass du heute wieder bei mir warst. Aus: Stephan Sigg, Echtzeit – Neue Gebete für junge Menschen, S. 94 © Verlagsanstalt Tyrolia, Innsbruck.
S. 15: Bewusstseinsstrom. Aus: Ulrich Weiß (Hg.), Lebens-Kompass GOTT. Schülergebete © 2011 Butzon & Bercker GmbH, Kevelaer, www.bube.de.
S. 16: Kurt Weigel, Den Tag beschließen © Kurt Weigel.
S. 20: Stephan Wahl, Nicht selten. Aus: Die Nacht wird hell wie der Tag, Echter Verlag 2014 © Stephan Wahl.
S. 21: Judith Werner, Philipp Seher, JESUS. Aus: Grundkurs Ministranten, Das Ideenbuch © St. Benno Verlag, Leipzig.
S. 23: Jesus. Aus: Monika Gunkel (Hg.), Fragen an Gott. Das Jugendgebetbuch © Verlag Katholisches Bibelwerk GmbH, Stuttgart 2. Auflage 2013.
S. 27: Judith Werner, Philipp Seher, FEUER. Aus: Grundkurs Ministranten, Das Ideenbuch © St. Benno Verlag, Leipzig.
S. 36-38: Marcella Welte OSB, Weisung © Marcella Welte OSB.
S. 39: Achim Blackstein, Traum © Achim Blackstein.
S. 40: Jenny, Mut zu leben. Aus: ZEITzuBETEN.org.
S. 41: Du zeigst mir den Weg. Aus: Ulrich Weiß (Hg.), Lebens-Kompass GOTT. Schülergebete © 2011 Butzon & Bercker GmbH, Kevelaer, www.bube.de.
S. 42/43: Peter van Briel, Ich habe keine Angst. Aus: www.k-l-j.de © Peter van Briel.
S. 43: Guido Erbrich, Losgehen. Aus: Zum Beispiel: WIR. Das Jugendgebetbuch, S. 61 © St. Benno Verlag, Leipzig.
S. 46: Stephan Sigg, Emails. Aus: Stephan Sigg, Treibstoff. Zündende Gebete zu brennenden Fragen, S. 3 © Verlagsanstalt Tyrolia, Innsbruck.
S. 48/49: Annja Teschers, Wenn keiner da ist © Annja Teschers.
S. 54: Hallo Gott. Aus: Monika Gunkel (Hg.), Fragen an Gott. Das Jugendgebetbuch © Verlag Katholisches Bibelwerk GmbH, Stuttgart 2. Auflage 2013.
S. 60: Achim Blackstein, Stress © Achim Blackstein.
S. 63: Stephan Sigg, Hilf mir. Aus: Stephan Sigg, Treibstoff. Zündende Gebete zu brennenden Fragen, S. 22 © Verlagsanstalt Tyrolia, Innsbruck.
S. 64: Judith Werner, Philipp Seher, GOTT. Aus: Grundkurs Ministranten, Das Ideenbuch © St. Benno Verlag, Leipzig.
S. 72: Frank Greubel, Ich bin © Frank Greubel.
S. 79: Gib mir Halt! Aus: Ulrich Weiß (Hg.), Lebens-Kompass GOTT. Schülergebete © 2011 Butzon & Bercker GmbH, Kevelaer, www.bube.de.

S. 80: Grenzen überwinden. Aus: Ulrich Weiß (Hg.), Lebens-Kompass GOTT. Schülergebete © 2011 Butzon & Bercker GmbH, Kevelaer, www.bube.de.
S. 81: Dörte Schrömges, Keiner – außer dir © Dörte Schrömges.

Wir haben uns bemüht, alle Inhaber von Textrechten in Erfahrung zu bringen. Für weitere Hinweise sind wir dankbar

Fotonachweis:
Cover: © Sergii Mostovji/fotolia, S. 6/7: © aslysun/shutterstock, S. 9: © eevl/fotolia, S. 11: © rilence/fotolia, S. 13: © Africa Studio/fotolia, S. 14: © eyetronic/fotolia, S. 15: © Kesu/fotolia, S. 17: © Max Topchii/fotolia, S. 18/19: © Petrenko Andriy/shutterstock, S. 21: © storm/fotolia, S. 22: © Stauke/fotolia, S. 25: © Maksim Šmeljov/fotolia, S. 26: © Gustavo Frazao/shutterstock, S. 27: © Brad Pict/fotolia, S. 28/29: © red2000/fotolia, S. 30/31: © pict rider/fotolia, S. 33: © zabanski/fotolia, S. 34/35: © Tyler Olson/fotolia, S. 37: © bikeriderlondon/shutterstock, S. 39: © Gelpi JM/shutterstock, S. 41: © s-ts/shutterstock, S. 43: © pzAxe/shutterstock, S. 44/45: © Antonio Guillem/shutterstock, S. 47: © Bloom Design/shutterstock, S. 49: © Antonioguillem/fotolia, S. 51: © 2xSamara.com/shutterstock, S. 53: © rbkelle/fotolia, S. 55: © auremar/fotolia, S. 56/57: © Nelos/fotolia, S. 59: © L'Osservatore Romano, S. 60: © ChristianDesignGuy/shutterstock, S. 62: © Harald Oppitz/2013 KNA, S. 65: © createve91/fotolia, S. 67: © vitanovski/fotolia, S. 69: © dhanuss/fotolia, S. 70/71: © Mog DDL/fotolia, S. 73: © Lars Lentz/fotolia, S. 74: © Elena Elisseeva/shutterstock, S. 77: © Juraj Kovac/shutterstock, S. 79: © reachart777/fotolia, S. 80: © PicturenetCorp/fotolia, S. 82/83: © zaretskaya/fotolia, S. 85: © Photohota/shutterstock, S. 87: © Darren Brode/fotolia, S. 89: © pizuttipics/fotolia, S. 90: © eternalfeelings/fotolia, S. 92/93: © Itana/shutterstock